Celina H. Weschenfelder

# SANTA TERESA DE CALCUTÁ

Biografia e novena

Editora responsável: Andréia Schweitzer
Equipe editorial

1ª edição – 2016

---

Nenhuma parte desta obra poderá ser reproduzida ou transmitida por qualquer forma e/ou quaisquer meios (eletrônico ou mecânico, incluindo fotocópia e gravação) ou arquivada em qualquer sistema ou banco de dados sem permissão escrita da Editora. Direitos reservados.

---

**Paulinas**
Rua Dona Inácia Uchoa, 62
04110-020 – São Paulo – SP (Brasil)
Tel.: (11) 2125-3500
http://www.paulinas.org.br – editora@paulinas.com.br
Telemarketing e SAC: 0800-7010081
© Pia Sociedade Filhas de São Paulo – São Paulo, 2016

Os pensamentos de Santa Teresa de Calcutá foram extraídos do livro: *Cinco minutos com Deus e Madre Teresa*, de Roberta Bellinzaghi, São Paulo, Paulinas, 2016.

## Introdução

Santa Teresa de Calcutá nasceu em Skopje, na Albânia, no ano de 1910. Seus pais deram-lhe o nome de Inês Gonxha, unindo-o ao sobrenome Bojaxhiu.

Teresa frequentou uma escola primária não católica e, aos 12 anos, ouviu um missionário jesuíta que dizia: "Cada qual, em sua vida, deve seguir o seu caminho". Talvez nunca tenha passado pela cabeça dela que seu caminho seria de muita doação, de total desprendimento de si para doar-se unicamente a seus irmãos sofredores.

Teresa era muito feliz, ao lado dos seus pais e irmãos mais velhos. Certo dia, quando ainda tinha 12 anos de idade, sentiu fortemente o apelo de se dedicar ao serviço dos outros, sendo uma missionária. Ela procurou um sacerdote jesuíta para lhe contar o que sentia. Ele aconselhou-a a esperar a confirmação que viria de Deus.

Com uma imensa docilidade, fez o que o sacerdote lhe sugeriu. E, com 18 anos de idade, sentiu de maneira ainda mais intensa este apelo que a levaria mais adiante a entregar-se sem medidas às pessoas que mais sofrem.

O sacerdote jesuíta ouviu-a e lhe contou de algumas religiosas irlandesas estabelecidas na Índia. O mesmo sacerdote escreveu uma carta a estas irmãs, e qual não foi a sua alegria, quando a resposta foi positiva: Inês Gonxha Bojaxhiu fora admitida na casa-geral da ordem Ratharnham, perto de Dubai.

A sua permanência na comunidade irlandesa não chegou nem a um ano, e as irmãs, percebendo sua maturidade e profunda vida interior, logo a admitiram no noviciado na comunidade das irmãs de Nossa Senhora do Loreto.

Ela foi enviada, então, à Índia para fazer o noviciado e, após esta experiência,

Teresa proferiu os votos de obediência, castidade e pobreza, recebendo o nome de Teresa. Em 1937 fez a profissão perpétua.

Passou alguns anos de vivência na Índia, sentindo-se totalmente ambientada. Ela também havia feito com êxito o curso de magistério, e os superiores a designaram para o ofício de professora da St. Mary's High Scholl de Calcutá, confiada à sua ordem religiosa. Teresa gostava de ensinar, e as alunas tinham uma grande consideração por ela e ela pelas alunas.

No dia 10 de setembro de 1946, Teresa viajava no trem-correio de Calcutá para Darjeeling e não conseguia conciliar o sono. Ela estava indo fazer os exercícios espirituais, e o vagão onde ela se encontrava estava superlotado. Enquanto olhava para fora, via imagens horríveis de pessoas em condições sub-humanas nos subúrbios de Calcutá.

Irmã Teresa não conseguia acostumar-se "ao espetáculo da miséria" constatado no centro e nas periferias de Calcutá, sobretudo quando saía da St. Mary's High School.

Ela começou a fazer alguma coisa para ajudar os pobres, mas no seu íntimo havia um desejo cada dia mais forte de fazer alguma coisa pelos pobres que desfilavam a seus olhos todos os dias.

Enquanto isto, como as alunas a amavam cada vez mais, e ela também se dedicava com todas as suas forças, foi nomeada para diretora do colégio, mas não diminuía em seu coração o desejo de se entregar aos serviços dos pobres mais pobres. Ela foi pedir conselhos ao arcebispo, mas este não foi favorável a seu desejo de se doar aos pobres. Parecia-lhe que este desejo de Irmã Teresa era imaturo e fora de lugar. Ela aceitou com docilidade a proposta do arcebispo Dom Fernando Pèrier.

Por trás das paredes pintadas, dos uniformes impecáveis e dos rostos limpos das alunas, Irmã Teresa via coisas mais urgentes. Ela percebia em seu interior que milhares de mãos se estendiam para pedir-lhe algo que nem ela entendia bem o que era: eram moribundos abandonados, pessoas morrendo de fome, crianças esfomeadas e necessitadas de carinho.

Depois de rezar muito, Teresa se dirigiu à superiora-geral da congregação e recebeu esta carta: "Se tal é a vontade de Deus, só posso autorizar-te de todo o coração. Sabes que gozas de afeto e consideração de todas nós. Se algum dia, por qualquer razão, voltares atrás, saibas que te acolheremos com amor de irmãs".

Teresa ainda precisou fazer um difícil caminho pedindo autorização para a Santa Sé, para dedicar-se totalmente aos pobres. Através do arcebispo recebeu a autorização no dia 8 de agosto de 1948 e, assim, estava pronta para deixar as Irmãs de Nossa Senhora do Loreto, mantendo-se vinculada pelos votos religiosos. Custou-lhe muito abandonar as alunas e as irmãs da congregação que muito amava. A primeira coisa que fez após deixar Loreto, foi ir para Patna a fim de fazer um curso de prática sanitária como aluna da instituição americana das Medical Missionary Sisters (Irmãs Médicas Missionárias). E assim tudo começou para Teresa, quando ela reuniu cinco crianças muito pobres, famintas e sujas. E, depois deste dia, Teresa de Calcutá não parou mais. A cada dia crescia o número de pobres e miseráveis que a procuravam, acolhidos por ela com todo o amor e carinho.

Teresa de Calcutá foi beatificada pelo Papa João Paulo II no dia 19 de outubro de 2003 e canonizada pelo Papa Francisco no dia 4 de setembro de 2016.

A festa litúrgica de Santa Teresa de Calcutá é em 5 de setembro.

# PRIMEIRO DIA

## Teresa de Calcutá: chamada por Deus

Em nome do Pai, do Filho e do Espírito Santo. Amém.

### Oração inicial

Senhor Jesus, fizeste de Santa Teresa de Calcutá um exemplo inspirador de muita fé e caridade ardente, uma testemunha extraordinária do caminho da infância espiritual e uma grande e inestimável mestra do valor e dignidade de cada vida humana. Concede que ela possa ser venerada e imitada como uma das santas canonizadas da Igreja. Escuta as preces de todos aqueles que procuram a sua intercessão, especialmente o pedido que agora imploro (*fazer o pedido*).

Que possamos seguir o seu exemplo, escutando o teu clamor de sede na cruz e amando-te com alegria no disfarce doloroso dos mais pobres, especialmente aqueles mais rejeitados e esquecidos. Isso pedimos em teu nome e pela intercessão de Maria, a tua Mãe e Mãe de todos nós. Amém.

## Assim falava Santa Teresa de Calcutá

"Minha vida não está coberta de rosas e flores, e estas eu as encontro raramente em minha vida. Antes, confesso que tenho a escuridão como minha companheira, mas tenho a certeza do amor de Jesus. Cristo me conceda toda a força e a graça para perseverar no meu abandono em suas mãos."

## Leitura bíblica

"Tu me instruístes, ó Deus, desde a minha juventude e ainda hoje proclamo os vossos prodígios. E, agora, na velhice, de cabelos brancos, Deus, não me abandones, até que eu anuncie teu poder, as tuas maravilhas a todas as gerações que virão" (Sl 71(70),17-18).

## Reflexão

1. O que significa abandonar-me nas mãos de Deus?
2. Tenho humildade suficiente para me entregar ao seu amor?

## Oração final

Ó Santa Teresa de Calcutá, tu permitiste, ao sedento amor de Jesus na cruz, tornar-se uma chama viva dentro de ti. Chegaste a ser luz do seu amor para todos. Obtém do Coração de Jesus a graça. Ensina-me a deixar Jesus entrar e tomar todo o meu ser, e tão completamente no meu coração, que a minha vida também possa irradiar a sua luz e seu amor para os outros. Amém.

Pai-Nosso, Ave-Maria, Glória.

Santa Teresa de Calcutá, rogai por nós e pelos pobres deste mundo.

# SEGUNDO DIA

## Todo o ser de Teresa refletia o divino

Em nome do Pai, do Filho e do Espírito Santo. Amém.

### Oração inicial

Senhor Jesus, fizeste de Santa Teresa de Calcutá um exemplo inspirador de muita fé e caridade ardente, uma testemunha extraordinária do caminho da infância espiritual e uma grande e inestimável mestra do valor e dignidade de cada vida humana. Concede que ela possa ser venerada e imitada como uma das santas canonizadas da Igreja. Escuta as preces de todos aqueles que procuram a sua intercessão, especialmente o pedido que agora imploro (*fazer o pedido*).

Que possamos seguir o seu exemplo, escutando o teu clamor de sede na cruz e amando-te com alegria no disfarce doloroso dos mais pobres, especialmente aqueles mais rejeitados e esquecidos. Isso pedimos em teu nome e pela intercessão de Maria, a tua Mãe e Mãe de todos nós. Amém.

## Assim falava Santa Teresa de Calcutá

"Em Melbourne, temos uma casa para pessoas abandonadas, onde acolhemos aquelas que não têm ninguém, que vivem pelas ruas, pessoas para as quais o único lugar disponível talvez seja a prisão."

## Leitura bíblica

"Em verdade, em verdade vos digo: quem crê em mim fará as obras que eu faço, e fará ainda maiores do que estas. Pois eu vou para o Pai. E o que pedirdes em meu nome, eu o farei, a fim de que o Pai seja glorificado no Filho. Se pedirdes algo em meu nome, eu o farei" (Jo 14,12-14a).

## Reflexão

1. Sei acolher as pessoas necessitadas que aparecem na minha vida?
2. Sei ver Jesus nas pessoas pobres e necessitadas?

## Oração final

Ó Santa Teresa de Calcutá, tu permitiste, ao sedento amor de Jesus na cruz, tornar-se uma chama viva dentro de ti. Chegaste a ser luz do seu amor para todos. Obtém do Coração de Jesus a graça. Ensina-me a deixar Jesus entrar e tomar todo o meu ser, e tão completamente no meu coração, que a minha vida também possa irradiar a sua luz e seu amor para os outros. Amém.

Pai-Nosso, Ave-Maria, Glória.

Santa Teresa de Calcutá, rogai por nós e pelos pobres deste mundo.

# TERCEIRO DIA

## Teresa de Calcutá e as crianças

Em nome do Pai, do Filho e do Espírito Santo. Amém.

### Oração inicial

Senhor Jesus, fizeste de Santa Teresa de Calcutá um exemplo inspirador de muita fé e caridade ardente, uma testemunha extraordinária do caminho da infância espiritual e uma grande e inestimável mestra do valor e dignidade de cada vida humana. Concede que ela possa ser venerada e imitada como uma das santas canonizadas da Igreja. Escuta as preces de todos aqueles que procuram a sua intercessão, especialmente o pedido que agora imploro (*fazer o pedido*).

Que possamos seguir o seu exemplo, escutando o teu clamor de sede na cruz e

amando-te com alegria no disfarce doloroso dos mais pobres, especialmente aqueles mais rejeitados e esquecidos. Isso pedimos em teu nome e pela intercessão de Maria, a tua Mãe e Mãe de todos nós. Amém.

## Assim falava Santa Teresa de Calcutá

"Muitos problemas da sociedade moderna encontram a sua causa na destruição das famílias. As crianças desejam alguém que as aceite, ame, aprecie e se orgulhe delas. A criança deve sentir-se amada e desejada para ser feliz."

## Leitura bíblica

Quando Jesus completou 12 anos, foi ao templo com seus pais e todos aqueles que ouviam o menino ficavam maravilhados com a sua inteligência e com as suas respostas. Eles procuraram o menino e não sabiam que ele ficara no templo. Depois de 3 dias o encontraram no meio dos doutores, ouvindo-os e respondendo às suas perguntas (cf. Lc 2,41-51).

## Reflexão

1. De quem Jesus falava no templo que deixava as pessoas encantadas?
2. Qual a mensagem deste Evangelho para a sua vida?

## Oração final

Ó Santa Teresa de Calcutá, tu permitiste, ao sedento amor de Jesus na cruz, tornar-se uma chama viva dentro de ti. Chegaste a ser luz do seu amor para todos. Obtém do Coração de Jesus a graça. Ensina-me a deixar Jesus entrar e tomar todo o meu ser, e tão completamente no meu coração, que a minha vida também possa irradiar a sua luz e seu amor para os outros. Amém.

Pai-Nosso, Ave-Maria, Glória.

Santa Teresa de Calcutá, rogai por nós e pelos pobres deste mundo.

# QUARTO DIA

## Teresa de Calcutá e a compreensão

Em nome do Pai, do Filho e do Espírito Santo. Amém.

### Oração inicial

Senhor Jesus, fizeste de Santa Teresa de Calcutá um exemplo inspirador de muita fé e caridade ardente, uma testemunha extraordinária do caminho da infância espiritual e uma grande e inestimável mestra do valor e dignidade de cada vida humana. Concede que ela possa ser venerada e imitada como uma das santas canonizadas da Igreja. Escuta as preces de todos aqueles que procuram a sua intercessão, especialmente o pedido que agora imploro (*fazer o pedido*).

Que possamos seguir o seu exemplo, escutando o teu clamor de sede na cruz e

amando-te com alegria no disfarce doloroso dos mais pobres, especialmente aqueles mais rejeitados e esquecidos. Isso pedimos em teu nome e pela intercessão de Maria, a tua Mãe e Mãe de todos nós. Amém.

## Assim falava Santa Teresa de Calcutá

"Hoje os pobres são os famintos de pão e de arroz, de amor e da Palavra viva de Deus; estão nus, despojados de suas roupas, mas também da sua dignidade humana e da compreensão pelo pecador; estão doentes, necessitam de cuidados médicos, mas também de um toque gentil, de um sorriso cheio de calor humano."

## Leitura bíblica

"Aquele que começou em vós a boa obra há de levá-la a bom termo até o dia do Cristo Jesus. É justo que eu pense assim de vós, pois vos trago no coração e sei que, tanto na minha prisão como na defesa e confirmação do Evangelho, vós todos comungais comigo na graça que me foi concedida" (Fl 1,6-7).

## Reflexão

1. O que significa ser compreensivo para com os outros?
2. Tenho sempre uma boa palavra para dizer aos outros?

## Oração final

Ó Santa Teresa de Calcutá, tu permitiste, ao sedento amor de Jesus na cruz, tornar-se uma chama viva dentro de ti. Chegaste a ser luz do seu amor para todos. Obtém do Coração de Jesus a graça. Ensina-me a deixar Jesus entrar e tomar todo o meu ser, e tão completamente no meu coração, que a minha vida também possa irradiar a sua luz e seu amor para os outros. Amém.

Pai-Nosso, Ave-Maria, Glória.

Santa Teresa de Calcutá, rogai por nós e pelos pobres deste mundo.

# QUINTO DIA

## Teresa de Calcutá e o sorriso

Em nome do Pai, do Filho e do Espírito Santo. Amém.

Oração inicial

Senhor Jesus, fizeste de Santa Teresa de Calcutá um exemplo inspirador de muita fé e caridade ardente, uma testemunha extraordinária do caminho da infância espiritual e uma grande e inestimável mestra do valor e dignidade de cada vida humana. Concede que ela possa ser venerada e imitada como uma das santas canonizadas da Igreja. Escuta as preces de todos aqueles que procuram a sua intercessão, especialmente o pedido que agora imploro (*fazer o pedido*).

Que possamos seguir o seu exemplo, escutando o teu clamor de sede na cruz e

amando-te com alegria no disfarce doloroso dos mais pobres, especialmente aqueles mais rejeitados e esquecidos. Isso pedimos em teu nome e pela intercessão de Maria, a tua Mãe e Mãe de todos nós. Amém.

## Assim falava Santa Teresa de Calcutá

"Senhor, os meus lábios sorriem quando vejo dar de comer às crianças que sentem fome. E a minha boca se abre num sorriso quando vejo as pessoas responderem ao vosso chamado. Senhor, abre minha boca e enche-a de sorrisos."

## Leitura bíblica

"Alegrai-vos sempre no Senhor! Repito, alegrai-vos! Seja a vossa amabilidade conhecida de todos! O Senhor está próximo. Não vos preocupeis com coisa alguma, mas, em toda ocasião, apresentai a Deus os vossos pedidos, orações e súplicas acompanhados de ação de graças" (Fl 4,4-6).

## Reflexão

1. Na minha missão, sou feliz e sorrio para as pessoas?
2. Sou feliz com as graças que o Senhor me concede cada dia?

## Oração final

Ó Santa Teresa de Calcutá, tu permitiste, ao sedento amor de Jesus na cruz, tornar-se uma chama viva dentro de ti. Chegaste a ser luz do seu amor para todos. Obtém do Coração de Jesus a graça. Ensina-me a deixar Jesus entrar e tomar todo o meu ser, e tão completamente no meu coração, que a minha vida também possa irradiar a sua luz e seu amor para os outros. Amém.

Pai-Nosso, Ave-Maria, Glória.

Santa Teresa de Calcutá, rogai por nós e pelos pobres deste mundo.

# SEXTO DIA

## Teresa de Calcutá e a pobreza

Em nome do Pai, do Filho e do Espírito Santo. Amém.

### Oração inicial

Senhor Jesus, fizeste de Santa Teresa de Calcutá um exemplo inspirador de muita fé e caridade ardente, uma testemunha extraordinária do caminho da infância espiritual e uma grande e inestimável mestra do valor e dignidade de cada vida humana. Concede que ela possa ser venerada e imitada como uma das santas canonizadas da Igreja. Escuta as preces de todos aqueles que procuram a sua intercessão, especialmente o pedido que agora imploro (*fazer o pedido*).

Que possamos seguir o seu exemplo, escutando o teu clamor de sede na cruz e

amando-te com alegria no disfarce doloroso dos mais pobres, especialmente aqueles mais rejeitados e esquecidos. Isso pedimos em teu nome e pela intercessão de Maria, a tua Mãe e Mãe de todos nós. Amém.

## Assim falava Santa Teresa de Calcutá

"Para poder fazer aquilo que fazem, as nossas irmãs precisam saber o que significa a pobreza. Para poder conhecer e amar os pobres, precisam experimentar a pobreza como estilo de vida. Elas se entregam inteiramente a Jesus, para prestar serviço gratuito aos mais pobres dos pobres, isto é, a Cristo escondido sob as aparências mais humildes."

## Leitura bíblica

"Irei ao altar de Deus, ao Deus que é minha alegria e júbilo, e te darei graças na cítara, Deus, meu Deus. Por que estás triste, ó minha alma? Por que gemes dentro de mim? Espera em Deus, ainda poderei louvá-lo, a ele, que é a salvação do meu rosto e meu Deus" (Sl 43[42],4-5).

### Reflexão

1. Acolho os pobres como fez Jesus?
2. Como me comporto quando me pedem algo?

### Oração final

Ó Santa Teresa de Calcutá, tu permitiste, ao sedento amor de Jesus na cruz, tornar-se uma chama viva dentro de ti. Chegaste a ser luz do seu amor para todos. Obtém do Coração de Jesus a graça. Ensina-me a deixar Jesus entrar e tomar todo o meu ser, e tão completamente no meu coração, que a minha vida também possa irradiar a sua luz e seu amor para os outros. Amém.

Pai-Nosso, Ave-Maria, Glória.

Santa Teresa de Calcutá, rogai por nós e pelos pobres deste mundo.

# SÉTIMO DIA

## Teresa de Calcutá e a mulher

Em nome do Pai, do Filho e do Espírito Santo. Amém.

### Oração inicial

Senhor Jesus, fizeste de Santa Teresa de Calcutá um exemplo inspirador de muita fé e caridade ardente, uma testemunha extraordinária do caminho da infância espiritual e uma grande e inestimável mestra do valor e dignidade de cada vida humana. Concede que ela possa ser venerada e imitada como uma das santas canonizadas da Igreja. Escuta as preces de todos aqueles que procuram a sua intercessão, especialmente o pedido que agora imploro (*fazer o pedido*).

Que possamos seguir o seu exemplo, escutando o teu clamor de sede na cruz e

amando-te com alegria no disfarce doloroso dos mais pobres, especialmente aqueles mais rejeitados e esquecidos. Isso pedimos em teu nome e pela intercessão de Maria, a tua Mãe e Mãe de todos nós. Amém.

## Assim falava Santa Teresa de Calcutá

"A força moral da mulher, a sua força espiritual, se une com a consciência de que Deus lhe confia, de um modo especial, o ser humano. Esta confiança se refere de modo especial à mulher, por causa da sua feminilidade, e isso se origina especialmente na sua vocação."

## Leitura bíblica

"Naqueles dias, Maria partiu apressadamente para a região montanhosa, dirigindo-se a uma cidade de Judá. Ela entrou na casa de Zacarias e saudou Isabel... 'Bendita é tu entre as mulheres e bendito é o fruto do teu ventre!'" (Lc 1,39-40).

### Reflexão

1. Acredito na força da mulher e na sua missão como esposa, mãe, amiga, companheira?
2. Amo e respeito as mulheres?

### Oração final

Ó Santa Teresa de Calcutá, tu permitiste, ao sedento amor de Jesus na cruz, tornar-se uma chama viva dentro de ti. Chegaste a ser luz do seu amor para todos. Obtém do Coração de Jesus a graça. Ensina-me a deixar Jesus entrar e tomar todo o meu ser, e tão completamente no meu coração, que a minha vida também possa irradiar a sua luz e seu amor para os outros. Amém.

Pai-Nosso, Ave-Maria, Glória.

Santa Teresa de Calcutá, rogai por nós e pelos pobres deste mundo.

# OITAVO DIA
## Teresa de Calcutá e a oração

Em nome do Pai, do Filho e do Espírito Santo. Amém.

### Oração inicial

Senhor Jesus, fizeste de Santa Teresa de Calcutá um exemplo inspirador de muita fé e caridade ardente, uma testemunha extraordinária do caminho da infância espiritual e uma grande e inestimável mestra do valor e dignidade de cada vida humana. Concede que ela possa ser venerada e imitada como uma das santas canonizadas da Igreja. Escuta as preces de todos aqueles que procuram a sua intercessão, especialmente o pedido que agora imploro (*fazer o pedido*).

Que possamos seguir o seu exemplo, escutando o teu clamor de sede na cruz e

amando-te com alegria no disfarce doloroso dos mais pobres, especialmente aqueles mais rejeitados e esquecidos. Isso pedimos em teu nome e pela intercessão de Maria, a tua Mãe e Mãe de todos nós. Amém.

## Assim falava Santa Teresa de Calcutá

"Jesus vem na nossa vida como faminto, como o outro esperava ser saciado com o pão da nossa vida. Fazendo assim, demonstramos que fomos criados à imagem e semelhança de Deus, uma vez que Deus é amor e, quando amamos, somos como Deus. É o que Jesus queria expressar quando disse: 'Sede perfeitos como o vosso Pai celeste é perfeito' (Mt 5,48)."

## Leitura bíblica

"Perseverai na oração, mantendo-vos, por ela, vigilantes na ação de graças. Ao mesmo tempo, orai também por nós, pedindo a Deus que abra uma porta para a nossa pregação, a fim de podermos anunciar o mistério de Cristo" (Cl 4,2-4).

## Reflexão

1. Como é a minha oração?
2. Estou convencido do valor da oração?

## Oração final

Ó Santa Teresa de Calcutá, tu permitiste, ao sedento amor de Jesus na cruz, tornar-se uma chama viva dentro de ti. Chegaste a ser luz do seu amor para todos. Obtém do Coração de Jesus a graça. Ensina-me a deixar Jesus entrar e tomar todo o meu ser, e tão completamente no meu coração, que a minha vida também possa irradiar a sua luz e seu amor para os outros. Amém.

Pai-Nosso, Ave-Maria, Glória.

Santa Teresa de Calcutá, rogai por nós e pelos pobres deste mundo.

# NONO DIA

## Teresa de Calcutá e o despojamento

Em nome do Pai, do Filho e do Espírito Santo. Amém.

### Oração inicial

Senhor Jesus, fizeste de Santa Teresa de Calcutá um exemplo inspirador de muita fé e caridade ardente, uma testemunha extraordinária do caminho da infância espiritual e uma grande e inestimável mestra do valor e dignidade de cada vida humana. Concede que ela possa ser venerada e imitada como uma das santas canonizadas da Igreja. Escuta as preces de todos aqueles que procuram a sua intercessão, especialmente o pedido que agora imploro (*fazer o pedido*).

Que possamos seguir o seu exemplo, escutando o teu clamor de sede na cruz e

amando-te com alegria no disfarce doloroso dos mais pobres, especialmente aqueles mais rejeitados e esquecidos. Isso pedimos em teu nome e pela intercessão de Maria, a tua Mãe e Mãe de todos nós. Amém.

## Assim falava Santa Teresa de Calcutá

"Diversas conjunturas me levaram a colocar no centro da minha vida espiritual o 'despojamento de mim'. Não posso deixar de ver em todo este trabalho intenso a misericordiosa mão de Deus. Aceitando o despojamento de mim por amor de Cristo, que despojou a si mesmo tornando-se servo, finalmente encontrei aquele equilíbrio buscado há tempo e nunca encontrado, a paz à qual aspirava."

## Leitura bíblica

"Chamou, então, a multidão juntamente com os discípulos, e disse-lhes: 'Se alguém quer vir após mim, renuncie a si mesmo, tome a sua cruz e siga-me! Pois quem quiser salvar a sua vida a perderá; mas quem perder a sua vida por causa de mim e do Evangelho, a salvará'" (Mc 8,34-35).

## Reflexão

1. Sou despojado de tudo que possuo?
2. Confio plenamente em Deus nos momentos de aflição?

## Oração final

Ó Santa Teresa de Calcutá, tu permitiste, ao sedento amor de Jesus na cruz, tornar-se uma chama viva dentro de ti. Chegaste a ser luz do seu amor para todos. Obtém do Coração de Jesus a graça. Ensina-me a deixar Jesus entrar e tomar todo o meu ser, e tão completamente no meu coração, que a minha vida também possa irradiar a sua luz e seu amor para os outros. Amém.

Pai-Nosso, Ave-Maria, Glória.

Santa Teresa de Calcutá, rogai por nós e pelos pobres deste mundo.

## Coleção Nossas Devoções

- *A Senhora da Piedade*. Setenário das dores de Maria – Aparecida Matilde Alves
- *Albertina Berkenbrock*. Novena e biografia – Sérgio Jeremias de Souza
- *Dulce dos Pobres*. Novena e biografia – Marina Mendonça
- *Frei Galvão*. Novena e história – Pe. Paulo Saraiva
- *Imaculada Conceição*. Novena ecumênica – Francisco Catão
- *Jesus, Senhor da vida*. Dezoito orações de cura – Francisco Catão
- *João Paulo II*. Novena, história e orações – Aparecida Matilde Alves
- *João XXIII*. Biografia e novena – Marina Mendonça
- *Maria, Mãe de Jesus e Mãe da humanidade*. Novena e coroação de Nossa Senhora – Aparecida Matilde Alves
- *Menino Jesus de Praga*. História e novena – Giovanni Marques
- *Nhá Chica*. Novena, história e orações – Aparecida Matilde Alves
- *Nossa Senhora Achiropita*. Novena e biografia – Antonio S. Bogaz e Rodinei Thomazella
- *Nossa Senhora Aparecida*. História e novena – Maria Belém
- *Nossa Senhora da Cabeça*. História e novena – Mario Basacchi
- *Nossa Senhora da Luz*. Novena e história – Maria Belém
- *Nossa Senhora da Penha*. Novena e história – Maria Belém
- *Nossa Senhora da Salete*. História e novena – Aparecida Matilde Alves
- *Nossa Senhora das Graças ou Medalha Milagrosa*. Novena e origem da devoção – Mario Basacchi
- *Nossa Senhora de Caravaggio*. História e novena – Pe. Volmir Comparin e Dom Leomar Antônio Brustolin
- *Nossa Senhora de Fátima*. Novena – Tarcila Tommasi
- *Nossa Senhora de Guadalupe*. Novena e história das aparições a São Juan Diego – Maria Belém
- *Nossa Senhora de Lourdes.* – Tarcila Tommasi
- *Nossa Senhora de Nazaré*. Novena e história – Maria Belém
- *Nossa Senhora Desatadora dos Nós*. História e novena – Frei Zeca
- *Nossa Senhora do Bom Parto*. Novena e reflexões bíblicas – Mario Basacchi
- *Nossa Senhora do Carmo*. Novena e história – Maria Belém

- *Nossa Senhora do Desterro*. História e novena – Celina H. Weschenfelder
- *Nossa Senhora do Perpétuo Socorro*. História e novena – Mario Basacchi
- *Nossa Senhora Rainha da Paz*. História e novena – Celina Helena Weschenfelder
- *Novena à Divina Misericórdia*. Santa Maria Faustina Kowaslka, história e orações – Tarcila Tommasi
- *Novena a Nossa Senhora de Lourdes* – Tarcila Tommasi
- *Novena das Rosas. História e novena a Santa Teresinha do Menino Jesus* – Aparecida Matilde Alves
- *Ofício da Imaculada Conceição*. Orações, hinos e reflexões – Cristóvão Dworak
- *Orações do cristão. Preces diárias* – Celina H. Weschenfelder (org.)
- *Padre Pio*. Novena e história – Maria Belém
- *Paulo, homem de Deus*. Novena de São Paulo, Apóstolo – Francisco Catão
- *Reunidos pela força do Espírito Santo*. Novena de Pentecostes – Tarcila Tommasi
- *Rosário por uma transformação espiritual e psicológica* – Gustavo E. Jamut
- *Rosário dos enfermos* – Aparecida Matilde Alves
- *Sagrada face*. História, novena e devocionário – Giovanni Marques
- *Sagrada Família*. Novena – Pe. Paulo Saraiva
- *Sant'Ana*. Novena e história – Maria Belém
- *Santa Cecília*. Novena e história – Frei Zeca
- *Santa Edwiges*. Novena e biografia – J. Alves
- *Santa Filomena*. História e novena – Mario Basacchi
- *Santa Joana d'Arc*. Novena e biografia – Francisco de Castro
- *Santa Luzia*. Novena e biografia – J. Alves
- *Santa Maria Goretti. História e novena* – Pe. José Ricardo Zonta
- *Santa Paulina*. Novena e biografia – J. Alves
- *Santa Rita de Cássia*. Novena e biografia – J. Alves

- *Santa Teresa de Calcutá*. Biografia e novena – Celina H. Weschenfelder
- *Santa Teresinha do Menino Jesus*. Novena e biografia – Mario Basacchi
- *Santo Afonso de Ligório*. Novena e biografia – Mario Basacchi
- *Santo Antônio*. Novena, trezena e responsório – Mario Basacchi
- *Santo Expedito*. Novena e dados biográficos – Francisco Catão
- *São Benedito*. Novena e biografia – J. Alves
- *São Bento*. História e novena – Francisco Catão
- *São Cosme e São Damião*. Biografia e novena – Mario Basacchi
- *São Cristóvão*. História e novena – Pe. Mário José Neto
- *São Francisco de Assis*. Novena e biografia – Mario Basacchi
- *São Geraldo Majela*. Novena e biografia – J. Alves
- *São Guido Maria Conforti*. Novena e biografia – Gabriel Guarnieri
- *São José*. História e novena – Aparecida Matilde Alves
- *São Judas Tadeu*. História e novena – Maria Belém
- *São Marcelino Champagnat*. Novena e biografia – Ir. Egidio Luiz Setti
- *São Miguel Arcanjo*. Novena – Francisco Catão
- *São Pedro, Apóstolo*. Novena e biografia – Maria Belém
- *São Roque. Novena e biografia – Roseane Gomes Barbosa*
- *São Sebastião*. Novena e biografia – Mario Basacchi
- *São Tarcísio*. Novena e biografia – Frei Zeca
- *São Vito, mártir*. História e novena – Mario Basacchi
- *Tiago Alberione*. Novena e biografia – Maria Belém

---

Impresso na gráfica da
Pia Sociedade Filhas de São Paulo
Via Raposo Tavares, km 19,145
05577-300 - São Paulo, SP - Brasil - 2016